Regards
sur les choses,
les idées et les Hommes

*
* *

Jean-Charles Theillac

Regards sur les choses, les idées et les Hommes

Le Code de la propriété intellectuelle interdit les copies ou reproductions destinées à une utilisation collective. Toute représentation ou reproduction intégrale ou partielle faite par quelque procédé que ce soit, sans le consentement de l'auteur ou de ses ayants cause, est illicite et constitue une contrefaçon sanctionnée par les articles L.335-2 et suivants du Code de la propriété intellectuelle.

© 2009 Jean-Charles Theillac
Editeur : Books on Demand,
12/14 rond-point des Champs Elysées,
75008 Paris,France
Imprimé par Books on Demand GmbH, Norderstedt, Allemagne
Dépôt légal : mars 2009
ISBN : 978-2-8106-0767-9

Aimer

Ce qui se fait à deux ne peut se faire seul.
Monsieur de la Palisse en aurait dit autant.
Quoique nécessité oblige, en attendant,
À prendre des mesures et en faire le deuil.

« De quoi ? », me direz-vous. Eh bien, de justement
Faire seul ce qui se fait à deux, fréquemment.
Faire un enfant, faire du tandem, faire semblant,
Faire l'idiot, fair' de la peine, faire l'enfant.

Il vaut mieux être deux pour donner un effet.
On fait l'amour à l'autre, parfois avec succès,
Souvent par habitude, toujours avec désir.
Aimer n'est pas requis pour avoir du plaisir.

D'ailleurs, le verbe « aimer » se conjugue assez mal.
Son passé n'est pas simple, son présent imparfait,
Le futur est en cours, mais il manque d'attrait :
Espérons maîtriser un présent idéal !

Pratiquer l'onanisme, c'est un peu aimer l'autre.
Car sa pensée suffit à atteindre l'orgasme
Pour satisfaire enfin un savoureux fantasme,
Un désir assouvi, un secret qu'on fait nôtre.

Aimer à la folie, c'est vouloir être heureux.
Aimer du bout des lèvres, c'est minauder d'amour.
Aimer à en crever, c'est, encore et toujours,
L'éternel idéal de tous les amoureux.

5 avril 2007

Ainsi soit faite !

En Inde, au bord du Gange, un homme paisible et bon,
À demi immergé dans le fleuve sacré,
Priait avec ferveur et grande dévotion,
Recherchant l'absolu dans les eaux agitées.

Une grosse araignée qui surnageait bien mal
Dans le flot des eaux vives était en grand danger.
Avec délicatesse, il saisit l'animal,
Le posa sur la terre afin de le sauver.

L'araignée venimeuse, qui était faite ainsi,
L'avait piqué au doigt. Le venin déposé
Dans cet être en prières, n'eut pas d'effet sur lui.
L'harmonie de son âme l'avait immunisé.

Le lendemain matin, notre indien était là…
Et l'araignée dans l'eau. Lui méditait toujours.
Sans plus d'hésitation, il la prit et d'un pas,
La posa sur la rive pour lui porter secours.

Ainsi faite, l'araignée repiqua le têtu,
Sans se préoccuper de l'humaine intention.
Elle finit par lui dire : « Mais pourquoi t'obstines-tu,
À vouloir me sauver avec abnégation ? »

Notre homme était ainsi, bienveillant et conscient
De l'état de chacun et du pourquoi des choses :
Même si les autres piquent, il se devait brillant,
En tous lieux, en tout point et quelle qu'en soit la cause.

23 octobre 2008

Ainsi soit-elle !

La musique des mots me rentre dans les pores
Et titille les maux de mon cœur en souffrance.
Son ombre est belle et, pire : son âme est-elle encor' ?
Elle se souviendra de mes bruyants silences.
J'ai du mal d'être moi et je n'ai plus le temps
D'atteindre son regard, un coup d'œil, un émoi,
Qui pourrait me surprendre et bien me laisser coi.
À moins qu'une caresse ne m'effleure en chantant.
Mystérieuse et belle, je la ressens vibrer,
Au rythme des bandas et des fandangos fous.
Tout habillée de blanc, elle danse la « Libre »
Les deux bras en arceaux et le buste andalou.
Je la regrette encore, je la hais, je la mords.
Son goût de peau me met un peu d'eau à la bouche,
Juste de quoi me dire, me redire le remords
Qui tourmente ma vie de son regard farouche.
L'image d'une porte entrebâillée. Je vois,
Je crois apercevoir l'ombre de sa vertu,
Le souffle de sa voix, en un plan, confondus.
Vision de sentiments d'amertume, déjà.
L'oiseau qui, sur sa branche, s'égosille en sifflant
Un chant mélodieux, désespéré souvent,
Ne montre pas ses larmes. Il les crie en chantant.
On ne saura jamais où l'amène le vent.

26 juin 2008

Ainsi va la vie…

Allégresse au printemps, mélancolie d'été,
Le cycle des saisons ne fait que me heurter.
Ah ! L'affectivité des humeurs et des songes,
Obsessions passagères, paranoïa d'éponges.

Puis l'automne tend son voile et ses contrariétés,
Dans un flot de pourquoi, il clôt enfin l'été.
Muse de mes tempêtes, acceptez mon offrande,
D'un cœur si claudicant mais qui vers vous s'amende.

Lointaine amie de cœur. Oh ! Toi âme sœur,
Mystérieuse et discrète, tu te reconnaîtras.
Ton amour pour cet homme silencieux de pudeur,
Ne le ternis jamais d'un voile de fatras.

Je voudrais tant te dire, ce que nos âmes savent,
Il ne m'est pas permis d'en énoncer le fruit
Et de crever le mur de l'indicible entrave,
Pour exprimer enfin mes pensées à autrui.

L'hiver va bientôt tendre un blanc manteau de nacre.
Dans les bois, dans les prés de tes proches montagnes,
Rejette loin de toi le moindre simulacre
D'étreintes passionnelles, que l'âtre en témoigne.

Hâtons-nous, chère amie, vers la félicité.
Vivons comme il se doit ces décennies enviées.
Carpe diem sera notre dernier souhait,
D'accomplir le chef-d'œuvre de la pierre pour la Paix.

4 septembre 2007

Au-delà d'ailleurs

Dans l'au-delà d'ailleurs, il existe une belle
Qui va m'offrir son corps, son âme et sa tutelle,
Pour vivre enfin heureux, dépouillé de mes peines
Et connaître l'amour, sans limites et sans haine.

Dans l'au-delà d'ailleurs, je pourrai retrouver,
Sans crainte et sans regret, le matin, le lever
Du soleil naissant à l'aube, ses rayons
Réchauffant nos deux cœurs et nos corps en union.

Dans l'au-delà d'ailleurs, nous serons des amants
Passionnés et paisibles, l'un et l'autre vivant
Pour le bonheur de tous et la paix sur la terre
Abandonnée des dieux aux hommes mortifères.

Dans l'au-delà d'ailleurs, nous ne vieillirons plus.
Le temps s'arrêtera, le soleil figé
Au zénith du jour, tout sera absolu
Et nos corps de lumière seront entrelacés.

Dans l'au-delà d'ailleurs, inimaginez-vous *
Que cela soit possible qu'ailleurs de l'au-delà.
Ce sentiment d'amour, peut-être un peu zazou,
Est le fruit de ma vie, ma passion et ma foi.

Dans l'au-delà d'ailleurs, nous n'irons plus au bois,
Accompagner musette, fifres et mandolines.
La chanson des sirènes nous emplira de joie
Et de leur mélopée, nous tirerons un hymne.

Dans l'au-delà d'ailleurs, nous ne souffrirons plus
Des maux de tous les Hommes, des tourments et des peines.
Les mots seront pensées, apportant le salut
Aux âmes égarées, dans des eaux vauclusiennes.

Dans l'au-delà d'ailleurs, aux confins de Vénus,
Plus loin que Jupiter, nous serons des pasteurs
Portés parmi les anges au son de l'angélus
Et les divinités de l'au-delà d'ailleurs.

6 mai 2007

* Néologisme de circonstance signifiant « ne vous imaginez pas ».

Au hasard, à Bayonne

On y fait des rencontres. De souvenirs passés
En à venir, on crée des mémoires de noms,
De prénoms pour après, des visages flashés,
Au gré des grises mines et des vrais histrions.

Certains se lèvent tôt, d'autres se couchent tôt,
Ces cinq jours d'août ont fatigué les cœurs
Et les corps allongés à l'abri des clameurs,
Loin du pont du Génie et du pont Marengo.

En lisant cette prose, elles se reconnaîtront.
Parisienne blonde, douloureuse et peinée
Qui ne méritait pas d'avoir été larguée,
Dans cette foule en fête, au milieu des flonflons.

À Christine et Mimi, deux vraies chtis d'origine,
Charmantes ambassadrices du pays des corons
Qui savent faire la fête et paraître lutines,
Dans cette chaude ambiance en face de l'Aviron.

Passantes nonchalantes, caressées d'un regard,
L'avez-vous remarqué, celui qui vous cherchait ?
Montrez-vous attentives, car on ne sait jamais :
Les rencontres fortuites sont-elles dues au hasard ?

2 août 2008

Aux Fêtes, à Bayonne
(À la façon de Claude Nougaro)

Dans ce Pays Basque
Les jours de bourrasque
On trinque du casque
Malin
Ardeur magnanime
Que la voix ranime
Et la pantomime
Soudain
Fêtes de Bayonne
Faites la braconne
D'humeur vagabonde
La nuit
Et l'arc-en-ciel
À l'aube s'éveille
Gouleyant de miel
Des trottoirs meurtris
Chassant le gugusse
D'un bel abribus
Passe l'autobus
Des Fêtes
S'arriment au bastaque
Les voiles qui claquent
C'est comme un ressac
De mer
Trompettes en bouche
D'un air plutôt louche
Et les mains la touchent
Pépère
Un regard coquin
Un coup de rouquin

D'un geste taquin
La main sur ta bouche

L'éclat satirique
D'échotier typique
Donne la réplique
En vain
Brandit sa carafe
Comme un soûlographe
Qui n'aurait plus soif
De vin
Une fée gentille
D'un geste tortille
Sa belle mantille
De soie
Et l'abbé bébête
Depuis là-bas guette
Où il fait banquette
De billes de bois

Et la carambole
Des gouttes d'alcool
Et des farandoles
M'obsèdent
Pour quelques grincheux
C'est plutôt piteux
Les soirs douloureux
De coups
Le bon roi Léon
Seigneur des Vascons
Depuis son balcon
Nous guette
D'humeur anodine
Il joue en sourdine

Les airs « grenadine »
De nos villageois

Du pont Saint-Esprit
Quelques clapotis
Mêlent chuchotis
Et puis
Épuisés d'ados
Pantalons crados
Foulards indigo
Collants
Voguant au grand foc
Des couples loufoques
Se font, se disloquent
Souvent
Aux Fêtes, à Bayonne
Lurons et luronnes
Partout se bidonnent
Comme c'est exaltant !

29 juillet 2008

C'est bête un poète

Un poète en folie, c'est une âme damnée
Vivant par les idées et les pensées d'autrui.
C'est pour ça qu'il lui faut exorciser l'idée
Qui hante son esprit et lui ruine la vie.

Du torrent dévalant le flanc de la montagne,
De la fleur qui éclot le matin au soleil,
À la belle aperçue au pays de cocagne,
Le poète ne semble à nul autre pareil.

Son ressenti à lui est habillé de gris.
Il contemple le monde sans y participer
Et traverse le temps sans qu'il en soit aigri.
Le sentiment d'amour est sa finalité.

Il panache les mots et sait les habiller,
Pour en faire des vers comme des boucliers.
Ses souhaits, ses désirs, il sait les publier,
Mais à la table d'hôte, il n'est jamais convié.

Le prisme dans lequel il regarde la vie
Est irisé de tons aux vibrations pastel
Qui inondent son cœur, son âme et son esprit.
C'est une contrebasse au fond d'une chapelle.

Comme pour s'enhardir, il ouvre grand son cœur,
Et offre un bon asile aux êtres dépourvus
D'amitié, de paix et d'un destin flatteur,
Qui sont en quelque sorte placés en garde à vue.

Mais si son cœur est grand, il n'est pas moins fragile.
Il garde les séquelles des peines et des secousses,
Passées ou à venir et des joutes futiles
Qui ternissent la vie et l'humeur qu'elles courroucent.

C'est aussi une chance dans sa vie de pouvoir
Exprimer ce qu'il pense et tous ses sentiments,
Ainsi que ses désirs avec une écritoire,
Équipée d'une plume et de maints instruments.

Du miel pour les douceurs, du calmant pour les maux,
Du caustique pour les cons, du piquant pour méchants.
Décapant à idées, vinaigre pour les mots,
Satirique et narquois pour un mauvais roman.

Mais je préfère écrire des poèmes pour vous
Mesdames, inconnues qui traversez mes rêves
Et me fait's regretter de n'être pas à vous,
Un tout petit moment pour goûter à vos lèvres.

13 mai 2007

C'est Pluton dommage

La communauté scientifique a décidé en 2006 d'exclure Pluton de la liste des planètes de notre système solaire.
Elle a été rétrogradée au rang inférieur de « planète naine », car elle ne correspond plus à la nouvelle définition, plus restrictive, adoptée en 2006 par l'Union astronomique internationale (UAI).
Les huit planètes connues dignes de ce titre sont : Mercure, Vénus, la Terre, Mars, Jupiter, Saturne, Uranus et Neptune.

Je lui avais bien dit qu'il fallait se méfier.
Je n'étais pas le seul à lui avoir confié,
Mes craintes et mes réserves, mes rêves et mes espoirs :
Qu'allait-il donc sortir de toute cette histoire ?

D'autres aussi ont dit d'un air dubitatif,
« Je n'en suis pas certain, il faut être attentif ».
À l'aube de ce siècle, aucune certitude
Ne venait étayer ce grand sujet d'étude.

On en savait assez pour bien se prononcer.
Mais pas assez encore pour l'officialiser.
Allait-on l'annoncer comme une délivrance
Ou alors le cacher comme une manigance ?

Astronomiquement, elle était quelque chose :
Un objet, un glaçon, un caillou, une chose.
Du soleil, en orbite, elle faisait bien le tour.
Que de contours alors et d'allers et retours !

De cette réunion, le vote a été net.
Désolé mon Pluton, t'es plus une planète :
Un énorme glaçon plus petit que ma Lune,
Que veux-tu devenir, avec tant de lacunes ?

Deux cent quarante-sept ans à parcourir le tour
De notre astre solaire, tu es dans l'arrière-cour.
Pour les petits enfants qui ont appris ton nom,
Dans leur cœur, tu seras toujours planète, Pluton.

Pour contenir ta peine, en guise de compagnon
Et de Lune, toi aussi, il te reste Charon.
Nous pardonneras-tu de t'avoir rejeté,
Comme un vieux satellite au rang des nainetés.

26 Août 2006

Chauny 62

« C'était bien chez Laurette, quand on faisait la fête,
C'était bien, c'était chouette, quand on était fauché »

Ma Laurette en ce temps s'appelait Marguerite.
Elle tenait un bistrot quelque peu insolite :
Le comptoir en vieux bois, le mobilier coquet,
Donnaient une belle âme à ce petit troquet.

L'ambiance ainsi créée était très appréciée
Des jeunes gens fougueux que nous étions alors.
La maîtresse des lieux, tel un bon tenancier
Maniait le « bâton » comme un sergent-major.

Avec tous ces jeunes, pas faciles à gérer,
Elle excellait surtout, dans la diplomatie.
Les rencontres fortuites, qu'elle savait provoquer,
De son air ingénu à quelques facéties.

Avec sa Thunderbird, André-Marie le beau,
Et Francis en Alpha, à cette époque-là
La caisse, c'était la classe, moi j'avais un' Simca
Ce point de rendez-vous c'était l'Eldorado.

Et puis y avait les filles, très important les filles.
Un juke-box de légende égrenait Adamo :
« Mais laisse mes mains sur tes hanches », c'était beau.
C'était chouette ce temps, celui de la gambille.

Mes Violaine, Lydie, Françoise et Anne-Marie
Étaient de vraies copines, des flirts à l'infini,
Ou de vraies amourettes que nous chantait Leny
Les soirs de vague à l'âme et de mélancolie.

Madame Marguerite, elle aussi consolait
Nos cœurs tendres et gros, des rendez-vous manqués,
Des regards échappés vers d'autres freluquets,
De l'absence chagrine d'une belle manquée.

Au coin de cette rue, dans ce bistrot sans nom,
J'y ai des souvenirs merveilleux et cruels,
Mais j'en garde l'odeur et le goût de citron
D'un Martini glacé partagé avec elle.

28 juillet 2008

Coup de gueule

J'en ai marre d'entendre les mêmes mots idiots,
Je vous le dis tout net. Qualifier l'étranger
Qui, depuis quarante ans, traine son lourd fardeau,
D'adjectifs et de noms ô combien périmés.
Je n'accepterai plus qu'on m'impose l'écoute
D'insultes envers ceux qui n'ont pas mérité,
Quelle qu'en soit l'origine et quelle qu'en soit la route,
D'être, à ce point l'objet d'une haine héritée.
Les bougnoules, les ratons, les nègres, les youpins,
Autant de noms charmants prononcés en riant,
Par de vrais ramollis et de pâles crétins,
Médiocres franchouillards, va-t-en-guerre navrants.
Les cons sont de tous poils et de toutes origines *
De tout's couleurs de peaux mais ils sont, eux aussi,
Des êtres à part entière, qui bien sûr nous chagrinent,
Mais que serait le monde sans ces hommes ainsi.
Tolérer de son mieux l'intolérable idée,
Sous prétexte de gloire à l'amer souvenir,
Que des hommes subissent la vindicte passée
D'autres hommes ignorant leur propre devenir.
Je suis intolérant face aux propos abjects
Prononcés çà et là, faute de tolérance,
D'agités du bas-ventre en mal d'intelligence,
Des racornis du bulbe, des absents de l'affect.
Je n'ai aucune haine, ne vous méprenez pas,
Seul' ment de la colère, voire un écœurement,
Face aux discours ambiants. Je n'imaginais pas
Qu'on en soit encore là, dans tous ces errements.
6 octobre 2007

* Voir mon texte : « Histoire à la con »

CNE* pour la vie

*Pour la troisième partie de ma vie, j'ai pensé qu'il serait bon
de signer un contrat CNE avec le Grand Patron, témoignage :*

J'ai signé des contrats. J'étais un touche-à-tout.
Aujourd'hui, ils sont tous résiliés, sauf un :
Celui avec moi-même et le Grand Manitou.
Il m'a donné la vie, ce contrat-là, j'y tiens.

J'ai donc signé un bail, renouvelable à vie,
Avec Celui d'En-Haut et tous ses petits diables,
Et d'un commun accord, un jour de préavis
Sera à respecter, pour une « rupture amiable ».

Il est recommandé de garder la santé.
De ne pas faire de mal à la machinerie.
De garder les lieux propres, comme à mon arrivée,
D'entretenir le corps, le tout en harmonie.

Quant à mon logiciel, il est bon de veiller
À garder la mémoire suffisante et bien vive.
Pour la mémoire morte, penser à surveiller
Les neurones affectés à l'âme créative.

Et l'âme dans tout ça, comment l'entretenir ?
Y a rien dans mon contrat qui y fait allusion.
On en parle souvent, que va-t-elle devenir
Si l'on n'est plus d'accord, en cas de désunion ?

— *Ton esprit ou ton âme est un bien indivis.*
De la « Lumière » il vient, à la « Lumière » il va.
— Qui êtes-vous ? Un dieu, pour me parler ainsi ?
Yahvé, Vishnou, Allah, Adonaï, Jéhovah ?

— *Mon nom n'a pas d'importance pour celui qui me sait.*
Vous êtes tous issus du Principe Eternel
Qui vous crée et vous guide à travers les effets
De votre vie sur terre à la Cause essentielle.

— Mon contrat avec vous n'est pas un CNE ?
Une colère, puis crack ! Je m'en vais en enfer.
On avait dit « amiable », c'est la règle du jeu :
Laissez-moi encore là vivre mon dernier tiers !

15 septembre 2007

* Contrat Nouvelle embauche

Ci-gît « bon sens »

À l'instar de Florence *, il est mort le « bon sens ».
Celui de notre enfance, des vieux qu'ont fait les guerres,
Qui respectaient les autres et qui se levaient tôt.
Son état de santé a rencontré l'errance
Et puis s'en est allé, au-delà des frontières,
Des sens et des raisons, des délires mentaux.

Il s'est bien accroché à quelques bons apôtres,
Mais « bon sens » a péri quand un instituteur
Qui en était porteur, a voulu corriger
Un potache excité qui s'en prenait aux autres
D'une gifle appliquée, s'est retrouvé plaideur,
Et a dû abdiquer du « bon droit » érigé.

À force de non-sens et de sens interdit,
Nul(le) doute qu'on en perde le bon sens commun.
Des sens dessus-dessous, des sens devant derrière
Comment s'y retrouver, dans cette comédie.
Se préserver d'autrui, défendre ce défunt,
Devient parfois suspect et souvent subsidiaire.

Tous les cons n'iront pas à son enterrement,
Mais les us et coutumes renaîtront pour de bon.
Les hommes ne sont pas des ennemis d'eux-mêmes.
Le bon sens évident gagnera calmement
Les âmes et les cœurs, les méchants et les cons,
Quand nous respirerons l'odeur des chrysanthèmes.

9 juin 2008

* Flo est une amie blogueuse

Entre chien et loup

La nuit arrive tout doucement,
Le jour s'achève lentement.
Nous n'avons pas encore atteint
Le temps quelque peu incertain,
Qui, entre chien et loup, postule
Au déclin ou au crépuscule.

C'est l'heure où Vénus apparaît,
Quand l'astre solair' disparaît,
Quand les animaux sont couchés
Et les ouvriers fatigués.
Les petits enfants sont rentrés,
Le marchand de sable va passer.

Il est possibl' qu'en bord de mer
Certains admirent le rayon vert,
Dernière couleur de feu Soleil,
Avant que la nuit ne balaye
Toutes les couleurs naturelles,
Cédant au gris, le noir du ciel.

C'est le royaume des ténèbres
Que les noctambules célèbrent.
Les démons sortent des repaires,
Les belles ingénues espèrent.
C'est au petit matin, piteux,
Que l'on se couchera heureux.

Entre chien et loup, au matin,
La terre a fait son tour. Demain
Sera et le jour coloré.
Le ciel commence à s'éclairer :
Couleurs du petit matin, parme,
C'est la magie d'un tour de charme.

23 juillet 2007

Escapade

Un très petit garçon, vivant à la campagne,
Était soudain parti son chapeau à la main
Et un poisson dans l'autre, voir ses petits copains.
Qu'espérait-il trouver ? Le pays de cocagne ?
Il avait échappé au regard de sa mère.
Dépasser le jardin, cela était très mal.
Il monta la Cavée, petit chemin de terre,
Au bout duquel passait la route nationale.
Son poisson rouge et son chapeau de paille en main,
C'était vers l'inconnu, le total interdit,
Qu'il marchait d'un bon pas, chercher je ne sais qui.
Seul, il parlait du gros et du petit copain.
C'était deux personnages qu'il s'était inventés
Pour meubler ses pensées, occuper ses journées,
À régler les conflits des copains de Lanlan,
Avec souvent de peine mais avec grand élan.
Il marchait sur la route, inconscient du danger.
Sa mère avait très vite ameuté les voisins.
L'inquiétude montait dans ce petit quartier.
À cinq ans, en plein jour, il ne peut aller loin !
À une lieue de là, il marchait mon Lanlan.
Il avait dépassé le village voisin,
Sa peine était très grande, il cherchait sa maman.
Et il ne savait plus où était le chemin.
Un brave homme qui circulait par là, à vélo,
Le reconnut et vit que cet enfant pleurait.
Après quelques questions, il comprit illico,
Et prit le garçonnet, décidé mais inquiet.
Quel soulagement ce retour de Lanlan,
Le chapeau et l'ide ne l'avaient pas quitté.
La maman libérée ne sut pas le gronder,
Bouleversée, émue, d'un bonheur aussi grand.

28 août 2007

Fête des Mères

Une rose en offrande à toutes les mamans
D'hier et d'aujourd'hui. Que cette belle fleur
Caresse votre joue et vos lèvres avant
D'y poser un baiser d'éternelle candeur.

Ce jour est votre jour, fêté par vos enfants,
Vos époux, vos amants. Il honore les femmes
Qui ont donné la vie, perpétuant la flamme
Qui anime nos âmes et le cœur des enfants.

Grâce vous soit rendue, mèr's de l'Humanité,
Héritières d'Isis. Votre fécondité,
Créatrice et divine, vous couvre de louanges.

Je vous adresse à toutes de chaleureux baisers,
D'affectives pensées et le salut des anges,
En ce jour de bonheur, par Dieu, mobilisés.

25 mai 2008

Hypocrisie

Ils gouvernent le monde et on n'en parle pas.
L'argent, le sexe et pour beaucoup, la religion.
Que n'a-t-on pas commis, au nom de ces trois-là !
Quell' vaste hypocrisie, quelle honteuse affection.
Je mettrais volontiers à part, la religion,
Au nom de l'absolue liberté de conscience.
Mais les deux autres, au moins, méritent réflexion,
Il n'est pas vain pour eux de manquer de méfiance.
L'argent va à l'argent. Cela se vérifie
Ô combien, aujourd'hui, grâce à ces Harpagons
Qui sont bien engraissés, ne voulant faire fi
Des lingots amassés au nez des parangons.
Et l'Homme dans tout ça ? Il se bat, se débat,
N'en croyant pas ses yeux ainsi que ce qu'il oit.
Il faudra bien qu'il cesse, ce cruel branle-bas,
Sinon l'hiver prochain, il va faire trop froid.
Et le sexe dans tout ça ? Il dirige le monde.
Il confère aux affaires un alibi puissant,
Génère l'Humanité dans sa bulle féconde,
Pour mieux l'emprisonner en ce désir ardent.
Le sexe et le pognon ne sont qu'hypocrisie.
Les Hommes ont en commun le même regard lubrique,
La même frénésie, la même fatrasie *,
Pour un billet de cent que pour l'objet phallique.
Ainsi vont notre monde et les hommes ainsi faits,
Qu'ils seraient des menteurs de nier l'évidence.
À quoi bon le cacher et en faire un secret :
L'argent, comme le sexe, est pourri d'indécence ?

6 octobre 2008

---

* Au Moyen Âge, pièce de vers satiriques caractérisée par <u>l'incohérence de la pensée ou du langage</u>.

Ici et maintenant

Une cloche a tinté comme une sarabande,
Offrant le témoignage de la beauté des jours.
D'ici et maintenant, du présent en offrande,
D'instants privilégiés, de l'être de velours.

Je vous offre ce temps, cet instant de repos
De l'esprit et du corps, de perceptions choisies,
De sensations nouvelles, pour atteindre le beau
De l'intérieur de soi, d'un grain de poésie.

Cette vision profonde qu'engendre cet état,
Vous libère du poids d'un présent erroné ;
Petit bonheur visible, impossible constat
D'une vie ordinaire au passé profané.

Cet état de conscience pleine d'instants présents,
Prépare le futur et parfume le temps.
De s'être retrouvé en soi même souvent,
Rend plus doux le futur et plus beau le moment.

Ici et maintenant, c'est la vision profonde
De l'harmonie des sens, de la raison du monde.
Le silence est peuplé d'inaudibles murmures,
De songes insondables et de pensées obscures.

Pour que l'âme du monde se nourrisse du bien,
Cueillons au fond de soi cette once de divin,
Pour l'offrir en pensée aux âmes de passage
Et aux êtres en peine, pour qu'ils deviennent sages.

11 juillet 2007

Il faut que je vous dise...

Combien faut-il de haine pour tuer à l'envi,
Des hommes et des femmes et de pauvres enfants,
Dont le défaut majeur fut de croire en la vie
Et d'avoir été là, au cœur du guet-apens.

Qu'un tel aveuglement, puisse arriver à l'Homme,
Bien sûr, c'est évident que Dieu n'y est pour rien.
C'est une ignominie, une infamie des hommes.
Vouloir dominer l'autre pour lui spolier son bien.

Des milliers de victimes, dans un camp comme dans l'autre :
N'est-ce pas suffisant pour calmer les ardeurs,
Et vivre enfin en paix grâce à de bons apôtres,
Les négociateurs neutres et baroudeurs !

Querelles de mosquées et querelles d'églises
Ont parcouru le monde en tuant, çà et là,
De pauvres innocents comme des cancrelats.
Assez de morts Messieurs, il faut que je vous dise :

À quoi sert de croire en un Dieu de bonté ?
Vous n'avez pas le droit, sous couvert de croyance,
De tuer d'autres gens, innommable fierté.
Ce sont vos frères qui meurent, arrêtez les souffrances.

Quand on met tant d'ardeur à brûler un dessin
Et tant de volonté à défendre l'honneur
De sa propre personne, se moquant du voisin,
La discrétion s'impose, comme la clé du bonheur.

Il faut que je vous dise, le respect de chacun,
C'est la liberté d'être et de croire, parbleu !
Penser ce que je veux au moment opportun.
D'honorer qui je veux et me choisir un dieu.

22 février 2007

Impromptu

Sa voix s'est posée nue sur mon âme en dentelle.
Une folle émotion a parcouru ma nuit.
De sa fenêtre, d'ailes, volait la tourterelle
Annonçant bien avant la chance qui me fuit.

Son destin m'est lié autant que la montagne
À gravir tous ces jours sous la pluie et la grêle,
Emportant avec elle mes illusions de bagne,
Et offrant à ma vue ses douces damoiselles.

Lilas de mon jardin portant de beaux pétales,
Lilas lilas ou blancs, pédoncules à mains,
Donnant quelques bonbons, au travers du dédale,
Des sots venus s'asseoir au gré des lendemains.

Renoncer à aimer et devenir fossile,
Danser un tango lent, alangui et charmant,
C'est la ronde impromptue des lueurs de la ville,
Des personnages blancs au relief innocent.

La vie, la mort, la nuit, que le jour les emporte.
Là-bas près des étoiles ou alors loin du cœur.
Pour ne plus en souffrir et rester lettre morte,
Près des cendres fumantes, des bruits et des odeurs.

Ivresse de l'amour, sobriété des mots,
Perfection du langage attelé à des signes,
Pensées épicuriennes, souvenance des maux,
La vie n'en a que faire, on n'en est pas moins digne.

La tendresse ici-bas, c'est un bulletin de paye.
Les retenues d'en haut et puis le sale air brut,
Les baisers sont en bas que les primes égayent,
Au gré du bon vouloir des armateurs en rut.

De l'amour, il ne reste que quelques fleurs fanées,
Des maux à l'estomac et des mots plein la tête,
Une gueule de bois pour des gueux mal famés,
Gueuserie de bonheur, inaccessible quête.

17 avril 2008

Instants privilégiés

La chamade en mon âme
Bat et mon cœur s'enflamme.
Vous me faites rêver
À des instants prisés,
Car nul ne saura
Autant que votre aura
Réjouir tous mes sens
Jusqu'à la déchéance.

Vos sensualités
Sont ma réalité.
Mon souhait par lequel
J'atteindrai l'éternel
Instant de plénitude,
Fait de sollicitude,
D'agréables pensées,
Voluptés exhaussées.

Quand j'aurai parcouru
Le livre saugrenu
De ma vie de dentelle,
J'envierai l'hirondelle
Qui s'en va et revient
Dès le printemps prochain,
Gazouiller à l'oreille
Des amants, des merveilles.

Naïades de la toile,
Nymphes des jours heureux,
Vous êtes les étoiles
D'un ciel bien périlleux.
Vous atteindrai-je un jour ?
Inaccessibles et belles,
Pour faire d'un bonjour
Un beau soir irréel.

18 décembre 2006

La crise… de Foi

Informé par la presse du décès d'un ami,
Je me rendis, peiné, à la cérémonie.
Je revis des amis, nombreux et recueillis.
Ils chuchotaient entre eux. Inquiet, je tendis l'ouïe.

Saluant la famille d'accolades fraternelles,
Je serrai quelques mains et pris l'air solennel.
« Mais de quoi est-il mort ? » demandai-je à voix basse.
À mon voisin de gauche qui semblait fort loquace.

« C'est la crise, me dit-il, il n'a pas supporté ».
Mais alors cette crise, elle n'a pas fait assez
De victimes comme ça, qu'elle s'abat encore
Sur des êtres fragiles, ruinés, jusqu'à la mort !

À mon voisin de droite, j'exprimai ma colère.
Il a donc tout perdu, pour perdre ses assises ?
« Mais il n'a rien perdu, il a fait une crise.
Une crise de Foi ». « Car malade, il était ? »

« Il est mort dans son lit et il était athée ».
Alors qu'il le veillait, son fils l'entendit dire :
« Je crois !, je croix !, je croix ! » Puis ce fut le soupir,
L'ultime, le dernier, le final, celui qui nous délivre
De tout et nous emporte, serein, vers l'autre rive.

Prenez garde à la Foi, si elle arrive tard.
Pensez-y bien avant le dernier avatar.

La flèche

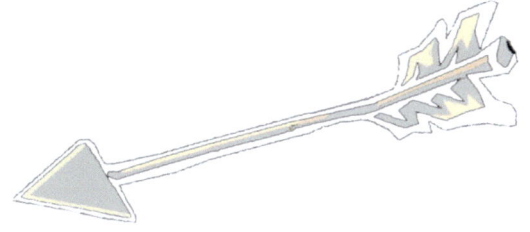

Une flèche a brisé dans mon for intérieur,
Quelque chose de bien qui me venait d'ailleurs.
Cupidon a eu l'heur de ne pas la stopper,
Malgré l'aide et l'appui qu'il m'avait accordés.
C'est qu'elle devait frapper ma conscience enterrée,
Au point de renoncer à toute volupté.
Les belles Aquitaines qui m'avaient approché
Et qui semblaient me dire : « Qu'avez-vous à piocher ? »
Dans mon jeu sans atout, elles demandaient les dames,
Par le roi j'entamai, et me retrouvai nu.
Devant autant d'aplomb détenu par ces femmes,
Je cessai la partie, faute à ces ingénues.
Il m'est bien arrivé d'avoir quelque succès.
Éros et Cupidon ont usé à l'excès
Des flèches de tout bois pour transpercer les cœurs
De ces dames en goguette sur le sentier d'amour,
Qui monte et puis descend, mais qui mène toujours,
Vers de gris pâturages, sans vaincu ni vainqueur.
Je n'renonc'rai jamais à l'art d'aimer les femmes.
Du moindre de ses bustes, à Vénus elle-même,
J'admirerai les belles, jusqu'à ce qu'elles m'aiment,
Même si je devais leur ouvrir(e) mon âme.
Et si par nonchalance, je passais le délai,
Sifflez-moi, s'il vous plaît, je suis parfois distrait.

23 septembre 2007

Pensées

La notion de penser est-elle notre apanage ?
Penser à toi, penser à moi, penser à elle,
Penser à rien, penser aux fleurs, pensées cruelles.
Fines pensées, pensées charnelles, marivaudages.

Je pense donc je suis, tu es, il est, nous sommes…
Notre vie à penser, penser à notre vie,
Penser à bien penser même à son ennemi,
Penser du bien des autres, penser à faire comme…

Penser aux hirondelles, penser aux papillons,
Penser au mois de mai, à la belle saison,
Penser aimer, aimer penser, pensées amères,
Vilaines pensées, penser au pain et à ta mère.

Penser et réfléchir, est-ce la même essence ?
La pensée semble innée, la réflexion acquise.
L'une se nourrit de l'autre et la parole précise,
L'écriture, quant à elle, en est la quintessence.

Qu'il est doux de penser à l'être que l'on aime.
Penser à y penser, c'est ne pas l'oublier.
Faire penser à quelqu'un d'aller jusqu'à son terme,
Afin qu'il puisse atteindre le fond de sa pensée.

Penser dans la mémoire, souviens-toi, c'est penser.
Imaginer le pire, c'est pour l'exorciser.
Pensées spirituelles, nourritures de l'âme,
Dont les ondes légères de la pensée émanent.

Avoir une pensée pour l'être disparu,
Au berger en montagne seul avec ses moutons,
À la mer en folie aux marins disparus,
Au carrosse perdu, celui de Cendrillon.

Penser à tout, partout, toujours, penser à Dieu.
La façon de penser vaut par ce que l'on pense
Ou l'inverse après tout. A votre choix Messieurs !
Mais j'y pense, il est tard je lève la séance.

28 février 2007

La souris, le poulet, la vache et le cochon.

Il était une fois, un' petite souris
Qui vivait à la ferm' parmi les animaux.
Un jour, elle aperçut, de son trou favori,
Le fermier déballer un paquet, sans un mot.

Il prit l'objet en mains : un attrape-souris,
Autant dire une bombe, une tapette à rats.
La souris affolée, inquiète et fort marrie,
Alla chercher secours auprès des fiers-à-bras.

Près du bel emplumé, le poulet de la ferme,
Elle demanda de l'aide. Que veux-tu que je fasse ?
Ce n'est pas mon problème. En ce qui me concerne,
Je ne peux que prier pour ce qui vous tracasse.

Le cochon, quant à lui, l'envoya sur les roses :
Votre souci, ma chère, est affaire personnelle.
Je ne peux pas tout faire et c'est l'heure de ma pose.
Allez donc voir la gross', c'est une amie fidèle.

Elle se rendit donc voir la vache qui paissait
Dans la grande prairie. Au secours ! Au secours !
Je suis très occupée à faire tout ce lait.
Je ne peux vous aider, cherchez aux alentours.

La souris courageuse décida d'affronter
Le péril, toute seule, avec grande prudence.
La nuit, on entendit, la trappe se refermer.
La femme du fermier, se leva en silence.

À tâtons, dans le noir, ell' marcha sur la queue
D'une vipère piégée par l'attrape-souris
Qui mordit la fermière. Le reptile venimeux
Venait de provoquer une triste série.

La fièvre monta, monta, si bien que la fermière
Eut besoin de bouillon. Son mari sacrifia
Notre ami le poulet qui finit en soupière.
Ses prières serviront ce fieffé galapiat.

Pour nourrir tout le monde venu à son chevet
La malade ordonna de tuer le cochon.
Mais le mal empira. Une semaine après,
La fermière mourut de l'action du poison.

Le fermier chagriné avec tant de convives,
Dut abattre la vache de la même manière.
Et l'on vit la souris du petit trou, active
A grignoter sereine, un morceau de gruyère.

Les ennuis du voisin, sont aussi un peu nôtres.
Les ignorer n'est pas un acte bienveillant.
L'ignorance est le fruit dans lequel on se vautre,
Essayons maintenant d'en tirer fortifiant.

11 octobre 2008

La tentation

Mânes de mes aïeux, protégez bien mon âme
Romantique et rustique, elle paraît si légère
Dans mon cœur épuisé et trahi au grand dam
De mon être opprimé par l'horrible mégère.

Cette vilaine femme, tous les jours me poursuit,
De son zèle imbécile, cette harpie me hante
Et m'entraîne aux enfers. Une belle de nuit
Qui dirait : « Viens ici, comme je suis charmante. »

Chérubins, séraphins, venez à mon secours,
Protégez-moi d'icelle, de sa voix de velours,
De sa beauté étrange qui chagrine et ravit
Et me plonge en silence, dans le noir, à l'envi.

Le voile gris et flou qui recouvre son corps,
La rend plus désirable que la belle Vénus,
Aphrodit' callipyge, toutes voiles dehors,
De la terre, sur la terre, elle apparaissait nue.

La beauté n'est que fard, la raison de l'esprit
Ne se voit ni s'entend, nous sommes trop grossiers
Pour que nous la sentions et notre parti pris
Nous empêche de voir et de la vérifier.

Toute l'humanité en souffrira toujours,
De ce parfum de soufre et de tendre passion,
Que l'on nomme au besoin le sentiment d'amour
Ou attrait du désir et de la tentation.

30 mai 2007

La vie

De l'aube au crépuscule, de l'aurore à la nuit,
Nous traversons la vie. Nous nous enrichissons
L'esprit et la mémoire et nous nous nourrissons,
Et nous accomplissons nos tâches et puis… l'ennui.

Jour et nuit, nuit et jour, nos rêves les plus fous,
Nos désirs, nos souhaits, ne sont pas accomplis.
Nous les enfouissons, trahis, ensevelis
Dans la raison, l'oubli de l'éternité floue.

Au fil de l'eau s'en vont les souvenirs d'hier,
Ils n'ont pas retenu notre attention fragile.
De ce livre de vie, de ces pages futiles,
Il reste peu de choses dont on puisse être fier.

Quelques images fuient nos pensées éphémères.
Elles semblent dérisoires et font partie des rêves
Qui occupent nos nuits et nous hantent sans trêve.
Images aperçues, sensations douces-amères.

L'humanité survit du malheur des hommes.
Une vie crée la vie, c'est la pérennité
De soi-même et des siens, la folle activité
De la nature humaine dans le grand vélodrome.

Quand arrive le temps de sauter l'autre rive,
Le passage est à gué ou bien tumultueux.
Traverser le miroir et découvrir heureux,
La légèreté de l'âme que la Lumière avive.

Qu'y a-t-il donc après ? C'est toute la question
De la vie, de la mort et du pourquoi des choses.
Tout à sa raison d'être, admettons-en la Cause,
Nous en sommes l'effet comme une réaction.

24 novembre 2006

L'agonie d'un dieu

Le changement de siècle est en train d'apparaître
Entraînant dans le flux de ses eaux bondissantes,
Toutes idées reçues, toutes les raisons d'être,
Le temps de certitudes et les gloires finissantes.

Ce tsunami mental, cette hérésie funeste
Pourraient bien égaler, en malheurs et en peines,
Les grandes tragédies, les pandémies de peste,
Les profits et mépris et les ferments de haine.

Des mondes virtuels aux concepts fictifs,
Des écrans de fumée en guise de pare-feu,
On assiste incrédule, soucieux et attentif,
À la fin d'un empire, à l'agonie d'un dieu.

Avant que n'apparaissent les contours incertains
D'un siècle qui débute, soubresauts et chaos
Agiteront le monde de ceux qui n'ont plus rien,
Plus d'espoir, plus d'amour et la faim en écho.

Certains sont à compter leurs milliards perdus
Dans l'immense dédale de la « financerie ».
On pourrait compatir si nous n'étions pendus
Déjà aux conséquences de cette escroquerie.

La tradition propose qu'en période de vœux
On présente les bons et surtout les meilleurs,
Pour conserver l'espoir, épargnons-nous l'aveu
Que nous ne somm's pas dupes et que nous avons peur.

23 décembre 2008

L'arbre

Symbole de la Vie et du Cosmos vivant,
L'arbre est interprété par toutes les Traditions
Comme image de vie, la représentation
De la terre et du ciel, toujours en mouvement.

En se régénérant perpétuellement,
Il raconte la vie, la naissance et la mort.
Il est puissance et force, beauté multicolore
De la nature brillante et de l'homme, le sang.

Le chêne, le bouleau, l'acacia, l'amandier,
Le frêne et le tilleul, le cyprès, l'olivier,
Des Celtes aux Germains, ils en sont le totem,
Des Traditions antiques, ils en gardent l'emblème.

Bien ancré dans le sol, l'arbre étend sa ramure,
Ce qui est en bas est comm' ce qui est en haut,
Ses feuilles et ses fruits bruissent de doux murmures,
Ses racines préfigurent ses branches et rameaux.

Son tronc est le pilier du Temple des esprits
Montant vers la Lumière du ciel et de l'Éther.
L'entourer de nos bras nous donne l'énergie,
La force et le courage d'affronter l'Univers.

Il est l'axe du monde liant la terre au ciel,
Tel un phallus offert à la fécondité,
La générosité de la terre matricielle
Donnant force et vigueur à toute l'Humanité.

21 mars 2007

L'artisan

La noblesse de l'art, par ce mot exprimée,
Traduit pour qui le sert, la fierté de l'ouvrage.
Le travail accompli par la main déployée
De l'homme et de l'objet depuis le fond des âges.

Le secret des métiers et de l'architecture
A traversé les temps et s'est perpétué,
Du Maître à l'Apprenti, au gré des arcatures
Des belles cathédrales, témoignant du passé.

Depuis l'âge de pierre, l'homme a toujours voulu
S'exprimer de ses mains, en formant des objets
Utiles à sa vie et à son absolu :
Sa recherche du beau et du presque parfait.

De la pierre grossière, il façonne le trait.
Il niche une âme là où régnait le néant.
De tous les matériaux, il recherche le vrai
Afin de créer l'œuvre qui marquera le temps.

Fidèle à ses anciens maîtres et compagnons,
Il a fait son chemin d'ateliers en clochers,
De mères en cayennes et tracé son sillon
Dans la tradition et la fidélité.
Le devoir accompli dans la beauté de l'art,
Il est comme un passeur du Savoir éternel.
Maître des créations, il s'inscrit dans l'Histoire
Qui jalonne nos vies et l'harmonie nouvelle.

19 mars 2007

Le bon grain et l'ivraie.

Avoir des bleus à l'âme ou se faire un sang d'encre,
Avoir une peur bleue, être le roi des cancres,
Le moral à zéro et le cœur mandarine,
La tête près des étoiles et de sa Colombine.

Être privé de tout ou être démuni
Face à l'adversité ou avoir du génie
Pour soi-même et les siens, indifférent à tout,
Reste alors le bon sens et un certain bon goût.

Puis vient le temps béni de la chance en amour.
Un' rencontre, un dialogue, une impression. Un jour,
Le miracle se fait d'une certaine alchimie
Dans le creuset des sens et au sein de la vie.

Connaître le bonheur, paradoxe évident
D'une vie monotone et terne au demeurant,
Habité par les craintes, les soucis et l'ennui
Des nuits blanches et des songes, à jamais enfouis.

Quand le matin s'éveille aux lueurs aurorales
Et que les gouttes d'eau brillent de mille feux,
La campagne s'anime et la lumière s'étale,
Aux confins de la vue, vers l'horizon en feu.

Un espoir soudain est à portée de main.
Tout peut encore venir, le bon comme le malin.
C'est à nous de choisir quel est notre intérêt,
En sachant distinguer le bon grain de l'ivraie.

22 août 2007

Le bonheur

Pour goûter au bonheur, il convient d'être heureux.
Pour que cela puisse être, il faut goûter à tout.
Déguster les moments aussi simplement que
Regarder un oiseau, lécher un roudoudou.
Toucher, voir et tâter. Aimer, sentir, entendre.
En quête permanente du vrai, du bien, du beau,
À ce prix, le bonheur, il suffit de le prendre
Quand il passe en silence, un peu incognito.
Délicat et subtil sentiment personnel,
Le bonheur a un prix qui n'est pas d'excellence
Mais d'assiduité à la quête du ciel,
Inaccessible étoile au firmament des sens.
Subjective ascension de l'idéal humain,
Vers lequel nous allons malgré tous nos malheurs,
Bon ou mal, heur il est. Présagés en latin,
Les augures annonçaient leur avis prometteur.
Suis-je heureux ? Oui, peut-être. Je saisis l'occasion
De saluer bien bas, la compagn' de ma vie,
Qui sait que le bonheur n'est pas une illusion
De l'esprit et des sens, elle en connaît le prix.

20 juillet 2007

Le tapis des ans

J'aime bien méditer, réfléchir et penser
Aux êtres légendaires des croyances passées,
Aux héros valeureux des batailles d'antan,
Personnages mythiques et mystères envoûtants.

Les Dieux n'ont plus été à facettes multiples.
Trois ou quatre ont créé avec quelques disciples,
Des chapelles de culte et de vénération
Où le dogme des hommes a gâché la passion.

Les déesses ont gardé leur légendaire beauté
Et dans la Tradition, leur efficacité.
De la déesse Isis, fidèle et maternelle,
À Déméter, nourrice de la terre nouvelle.

Aujourd'hui, les légendes ne sont que virtuelles.
Les héros ne sont plus que de frêles chandelles
Éclairant le présent, ignorant du futur,
Oublieux du passé, pour des rêves obscurs.

Les phares de la Pensée ne nous éclairent plus.
Hommes, idées, sentiments : où trouver le salut ?
Le nouveau siècle boite, il trébuche et s'empêtre
Dans le tapis des ans qu'étalent nos ancêtres.

19 juin 2007

Le Valentin perdu

C'est l'histoire d'un homme, qui se savait aimé,
Mais qui ne pouvait pas exprimer son amour.
Il avait toujours cru qu'il suffisait d'aimer,
En se disant tout bas, que c'était pour toujours.

Ses silencieux « je t'aime » n'avaient d'autre fortune
Que le cri étouffé d'une voix qui se meurt
Au fond d'une vallée, dans une nuit sans lune,
Et s'éteint doucement, sans aucune rancœur.

Ses intentions valaient les plus belles pensées.
Ses qualités d'amant étaient pourtant perçues
Du plus beau des effets par les femmes aimées.
Au moment des « je t'aime », elles étaient éperdues.

Amoureux de la vie, silencieux transi,
Il était malheureux de sa vie amoureuse
Normale en apparence. Il éprouvait l'ennui
De ne pouvoir jouir d'une existence heureuse.

Un sourire, une phrase, une petite attention,
Aurait pu déclencher un début d'expression.
Il s'en fallut de peu pour la Saint Valentin
Qu'il ne lâchât enfin ce complexe enfantin.

Mais l'habitude aidant, il se tut à nouveau
Silencieux et triste, il remit à demain
Les gestes et les mots qu'il tenait bien au chaud,
Au fond de sa pensée, à portée de la main.

14 février 2008

Les « damnés » de la sphère

Je ne vois rien de bon dans cet Orient terne,
Du brouillard et du sang et des drapeaux en berne
Maculés et flétris par des êtres impies
Croyant dans le néant, la nouvelle utopie.

C'est ce que j'écrivais, il y a quelques jours.
Ce n'est pas folichon, mais je crains qu'alentour
Ce ne soit pas meilleur. Où c'est-y l'Ossétie * ?
Un oukase au Caucase, ça intéresse qui ?

Pendant que nos sportifs font la chasse aux médailles,
Que devant nos télés, on ouvre l'éventail
De nos pieds nickelés, l'apéro bien au frais,
Le petit peuple a honte et vit à petit prêt.

Endetté jusqu'au cou par les marchands de rêves,
Précarité oblige, on respecte la trêve.
Finis les ouvriers. Techniciens, ils sont tous,
Au SMIC évidemment et en plus on les pousse.

La noblesse du mot – ouvrier qualifié –
Est restée au placard de quelqu' antiquité :
La fierté des anciens de ramener le pain
Pour nourrir la famille sur son petit lopin.

Bien nourris, ils le sont, les « damnés » de la sphère.
À compter leurs biftons, à redouter l'austère,
À craindre que ne craqu' le Nasdaq ou le Cac
Et à la fin du temps, ils ne meur'nt pas, ils claquent.

Les petits héritiers qui se déchireront
Les restes à partager, deviendront gros et gras
Pour faire comme papa. Ils seront « trop » et rats,
Sans jamais ressentir le rouge qui monte au front.

De celui qui fait mal, par l'exploit d'un huissier,
Va-nu-pieds en grand's pomp's, avec ses gros sabots,
Nécrophag' patenté, ce sbire des beaux baux,
Qui nous la baille belle, et nous fait bien ch…

Cela dit…

Je n'ai pas de rancœur, je n'ai pas de rancune.
Simplement je regarde et je vois, de la lune,
Que la sphère est petite et, bien qu'elle soit bleue,

On dirait un bateau qui vogue dans les cieux.

Le 11 août 2008

* En Picard, dans le texte

Les nouveaux gladiateurs

Les affaires et l'humain peuvent-ils cohabiter ?
Doit-on forcément être féroce et mal-aimé
Pour emporter la mise d'une négociation,
D'un marché, d'une vente, ou toute autre mission ?

« L'homme est un loup pour l'homme », nous a dit un poète :
C'est bien là le problème. À moins que l'on souhaite
Qu'il n'en soit pas ainsi, et que l'homme d'affaires
Puisse être un humaniste et non un mercenaire.

« Si tous les gars du monde pouvaient s'donner la main »,
Éliminant les loups et laissant les humains
Confronter leurs idées, s'affronter, sans vouloir
Briser l'autre, l'humilier, lui ôter tout espoir.

Vendeurs, vous êtes les nouveaux gladiateurs
Du commerce mondial. Affirmez vos valeurs
Aux chefs de tout poil et à leurs acolytes
Qui vous pressent et compressent et puis vous phagocytent.

Refusez de subir l'arbitraire, le mépris
De ces incompétents, tous les pauvres d'esprit,
Les mal-baisés notoires, les paranos machos.
Ces méchants et ces faibles, ces fachos démagos,

Tous les jours vous harcèlent et croient qu'ils sont les maîtres
Du monde et alentours, toujours prêts à paraître
Aux yeux des décideurs plus doués qu'ils ne sont.
Ils s'admirent le nombril, tous les jours, en cal'çon !

Pauvres exécutants, réunissez vos forces
Et votre savoir-faire puis gonflez bien le torse !
Tête haute, regard droit, combattez la bêtise :
Vous êtes plus malins que ces cons ne le disent.

12 août 2007

L'espérance

Une larme coulait sur ses joues rebondies.
Un long sanglot profond semblait venir du fond
De son âme meurtrie et battue par la vie,
Comme un coup de tonnerre roulant à l'horizon.

C'est la désespérance de cet instant précis
Dont je me souviendrai, en y pensant toujours.
Quand on n'a que les mots pour offrir en secours,
C'est bien peu consoler pour ôter les soucis.

Un rayon de soleil éclairait ses grands yeux,
Pleins de larmes encor', ils en semblaient plus beaux.
Au creux de mon épaule, elle eut un gros sanglot
Qui me fit ressentir un moment délicieux.

Ses deux bras m'enlaçaient et m'étreignaient si fort
Que j'eus la sensation qu'elle m'aimait encore.
Mes mots l'avaient calmée et j'en étais heureux.
Son visage s'éclairait d'un regard malicieux.

Elle m'offrit un baiser, un vrai baiser d'amour.
Elle m'avait retrouvé, tout semblait oublié.
Son chagrin, ses malheurs, n'étaient plus ses alliés,
Désormais l'espérance habillerait nos jours.

13 février 2007

L'homme qui aimait son chien

Un jour, le grand Prévert, devant un tribunal,
Est venu à la barre, apporter son soutien
À un pauvre quidam qui aimait bien son chien.
Et cette qualité valait vertu morale.

Ce quidam en question était là pour larcins
Et quelques algarades qu'il avait perpétrés
Envers des commerçants et la maréchaussée.
Faut dire qu'il les avait gâtés, les argousins.

À toutes les questions qui lui étaient posées,
Prévert avec malice et un brin tragédien :
« Monsieur le Président, cet homme aime son chien ! ».
Il ne pouvait donc être ce vaurien supposé.

Il faut dire que la Cour, un brin interloquée,
Eut grand' peine à admettre cette argumentation
Du poète populaire, témoin de compassion :
Puisqu'il aimait son chien, il faudrait l'acquitter.

L'histoire ne dit pas ce qu'il advint de l'homme.
Aimer les animaux est une qualité.
Pour Prévert en tout cas, elle est humanité :
Bonté pour les hommes et amour des bêtes, en somme.

12 octobre 2006

L'oublieux

Je ne me souviens plus. Pourtant elle était belle
Avec ses longs cheveux, son corps harmonieux.
Son visage disparaît dès que je pense à elle.
C'est bien dommage. Hélas ! Je suis un oublieux.

Les odeurs, les parfums, m'invitent au souvenir
De vieilles connaissances, des lutins facétieux
Ou des âmes perdues. Comment le retenir ?
Ils sont partis. Hélas ! Je suis un oublieux.

Fin des vieilles agapes, dans les meilleures maisons,
À refaire l'histoire des souvenirs glorieux !
Perdu aussi le temps où nous dégustions
Les bonnes choses. Hélas ! Je suis un oublieux.

Les copains, en revanche, ne sont pas dans mon trou
De mémoire d'ablette. Ils restent ces messieurs,
Bien présents sur le bord, accrochés peu ou prou
Comme en rappel. Hélas ! Je suis un oublieux.

Parfois, pour exaucer mon désir de mémoire,
Je plonge volontiers, tête en bas, ambitieux,
Espérant remonter, du fond de ses tiroirs,
Un souvenir. Hélas ! Je suis un oublieux.

S'il advient, un beau jour, qu'un souvenir renaisse,
Qu'il soit beau, qu'il soit laid, il sera délicieux.
Pour sourire et rêver, il est si doux quand naissent
Nos vieill's images. Hélas ! Je suis un oublieux.

13 septembre 2007

Ma Muse

Muse qui muse m'use
Et m'amuse la belle,
Qui souvent me méduse
Mais me laisse rebelle.

Tu m'as laissé m'user
Dans de vains tourbillons
Des mots par toi tissés,
Pour me faire un bâillon.

En RTT t'étais,
Pauvre petite sotte.
En haut de ton Palais,
Ou avec tes griottes.

Bien que tu me muselles,
J'attendais le moment.
Après tout les muses, elles,
Ont quelques agréments.

Je t'avais pourtant dit
Que j'avais un nouveau
Lieu de vie, un lieu-dit,
Ouvert à tes assauts.

Mes mots n'avaient de queue,
Ni de tête bien sûr.
L'Idée ne venait que
Raviver mes blessures.

Muse de mes silences,
Te voilà revenue
Comme une providence.
Plus de doute vécu !

Mène-moi vers l'endroit
Des rivières éternelles
Où l'on ne craint du froid
Que le baiser charnel.

Ouvre-moi tes prairies,
Vertes et abondantes,
Pour colorer ma vie,
Et l'orner d'amarantes.

Offre-moi des baisers
De tes lèvres tremblantes.
J'irai pour toi puiser
Le divin qui me hante.

Tu vois bien quand tu veux !
Ton souffle dans l'oreille,
Muse de mes aïeux,
Me rappelle et m'éveille.

Muse qui muse m'use
Et m'amuse parfois.
Qui souvent me méduse
Et me laisse pantois.

30 juillet 2008

Ma page blanche *

Symbole de liberté, compagne des obsessions,
De celles qui font mal et n'ont pas solution,
Je te gribouille, je te rature, je te bafouille,
Je m'écrabouille sur ton format où je vadrouille.

Comment vais-je raconter ce que je ne sais pas ?
Comment vais-je écrire ce qui ne se voit pas ?
Je vais te dompter, te contrôler, te mater,
Les muses m'aideront à te tournebouler.

Quelques noircissures très vite apparaîtront
Et tu verras, ma belle, que des idées naîtront.
Si mes idées renaissent, t'avoueras-tu vaincue ?
Je leur dirai à tous : « Alors, vous avez vu ! »

Qu'elle est belle ma feuille, n'est-ce pas, petit con ?
Le jour où tu sauras tracer la partition
Des traits, des ronds, des barres aux T, des E dans l'O,
Des apostrophes et des virgules, allegretto,

Tu pourras la tourner ta page et avancer
En croyant fermement l'avoir bien mérité !
Avant d'en prendre une autre, n'oublie pas, petit con,
Que cet' page était blanche et tires-en la leçon !

Car avant d'être blanche, papyrus elle fut.
C'est une longue histoire qui nous est parvenue
Surtout, ne la perds, près de toi garde-la.
C'est ton acquis, ta vie, tes larmes, ton karma.

Elle est l' aboutiss'ment et le vade-mecum
De nos joies, de nos peines, de la pensée des hommes.
Elle est, aussi, mémoire et permet de graver
Les mots dans nos neurones et pour l'éternité.

19 Juillet 2005

* Premier poème

Ma sœur,

Où es-tu grande sœur depuis tant de saisons ?
Ton souvenir m'obsède. Je ne peux retrouver
Ton visage éclatant dans la sérénité.
Es-tu parmi les anges, les esprits, les démons ?

Non, pas eux, sûrement pas, tu ne le voulais pas.
Tu dois être très haut dans les sphères supérieures,
Je t'imagine bien parmi les bienfaiteurs
Du monde des esprits, qui peuplent l'au-delà.

Du travail d'ange gardien, il ne t'en manque pas.
Tu dois peiner beaucoup à surveiller ce monde.
Les Hommes vu d'en haut doivent paraître immondes.
Qu'en dit le grand Patron, de ce galimatias ?

Je prendrais volontiers le train qui mène à toi.
Mais ce n'est pas le temps de franchir le passage
Du nadir au zénith, objet de ce voyage,
Pour te savoir enfin, très près, tout près de moi.

Ton souvenir me hante, ta pensée me soulage.
Elle est comme un présage de ton éternité.
Tu devais, souviens-toi, me faire, d'où tu étais,
Un petit signe, un geste, me montrer une image.

Radieuse et sereine, dans ta lumière diaphane,
Je te reconnaîtrai, entre mille et un anges,
Montre-moi le chemin car ce n'est pas étrange,
Je ne peux distinguer que ce qui est profane.

J'aurais approché Dieu par ton intermédiaire.
Des montagnes d'Olympe, aux confins de la terre,
J'aurais la chance enfin d'accrocher l'Univers,

Dessin de Pau Sary

D'être l'élu des Dieux, portant le Saint Suaire.

Des vibrations célestes, aurais-tu une idée ?
Ondulations divines ou simples allégations ?
Pourrais-tu me donner quelques explications
Sur cette étrange idée qui me fait espérer ?

Depuis la route bleue à la fontaine aux fées,
As-tu retrouvé l'homme qui t'offrit ses chansons ?
Ton poète inspiré par la grâce d'Orphée,
Tu fus son Eurydice qu'il aima passion ?

De l'éther éternel, tu détiens le secret.
De ce monde ici-bas, te voilà exemptée
Pour toujours. Tu n'auras plus jamais à jeter
Un regard attristé, alourdi de regrets.

Et nos chers parents, sont-ils dans tes sphères ?
Ont-ils enfin trouvé de la sérénité ?
Je les aimais très fort et n'ai pu leur montrer
Que mon affection n'était pas ordinaire.

Êtres aimés, esprits, de l'endroit où vous êtes,
N'est-il pas possible de pouvoir espérer
Un jour vous percevoir ou bien vous deviner !
De là-haut, ici-bas, acceptez ma requête.

Grande sœur de lumière, je vais atteindre l'âge,
Où les ans sont comptés, où les journées s'égrènent.
Prends grand soin de mon âme, lumineuse et sereine,
Pour m'aider dans ma quête vers le dernier voyage.

31 juillet 2005

Marjolaine

C'est peut-être à Francis * que tu dois ton prénom.
Aux yeux du monde antique, elle était le symbole
Du bonheur, du bien-être. Une fleur de renom,
Qui dénoue les angoisses et rend l'âme frivole.

« Toi si jolie », disait la chanson, et c'est vrai
Que tu l'es et en plus, tu respires la vie,
L'amour et la tendresse et le charme discret.
Je n'imaginais pas que tu souffrais ainsi.

Putain de carambole, qui un jour t'a meurtrie.
Elle t'a laissé la vie, mais pas la liberté.
Souffrir, mais en silence, braver les railleries,
La douleur indicible et garder la fierté.

Marjolaine fragile, belle plante de femme,
Ton humour reste vif et ton esprit navigue
À travers ta pensée et de beaux états d'âme.
Garde le cap en toi et combats la fatigue.

Tu préfères, semble-t-il, à tout propos en rire
Plutôt que d'en pleurer et être malheureuse.
Tu veux faire oublier ton douloureux martyre,
Et ne plus y penser pour être enfin heureuse.

Reste ainsi Marjolaine, ton âme te va si bien,
Ainsi que ton allure et ton port de princesse.
Si j'avais le pouvoir du divin magicien,
Je referais ton monde pour que ta douleur cesse.

31 octobre 2006

* Francis Lemarque

Petite mère

Je me souviens encore des soucis et misères
Que je t'ai fait subir, ô ma petite mère.
Le temps a passé vite, toi et moi ce fut court.
Je sais que de là-haut tu me veilles chaque jour.

Tous les désirs d'enfant tu me les exauçais.
Vous n'étiez pas Crésus, mais cela suffisait
À mon petit bonheur et mes joies enfantines.
Comme une maman d'amour, tu étais Mélusine.

Et puis y'avait Coulette, ma petite compagne,
Elle partageait tout, mes tourments, mes galères.
Les deux autres copains qui peuplaient ma cocagne,
Un petit et un gros, étaient imaginaires.

Petite mère chérie, tu m'as donné l'envie
D'avoir envie de vie et surtout de l'aimer.
Je ne t'ai pas trahie, j'ai toujours essaimé
Ton pollen d'amour et tes leçons de vie.

Petite mère câline, dans ton vieux tablier,
Je ressens tes douceurs et ta main qui caresse
Mes longs cheveux dorés. Ton odeur de princesse
Et ton âme légère, je ne les oublierai.

19 juillet 2007

Pour un monde meilleur

Si Dieu n'existait pas, il faudrait l'inventer.
La réponse à cela, est commune à chacun.
Tout le monde sait dire, oui ou non ou aucun,
Alors les religions peuvent argumenter.

En y regardant bien, c'est un peu la panique :
Ceux qui sont survenus et qui sont encor' là,
Ceux qui doivent arriver un jour de l'au-delà,
Tous les Dieux de la Grèce et la Rome antique.

Pourquoi nous faire le « coup » d'une femm' sainte et pure
Enfantant un messie ou un « chargé d'affaires »
Divines, il est vrai, multicarte solaire,
Pour sauver la planète de toutes salissures ?

Elle en aurait besoin pourtant, d'un nettoyage,
Cette terre souillée, par le sang et la gangue :
La misère et les larmes des hommes dans la cangue,
Et ses enfants mourants dans tous ces paysages.

Il y a bien un monde qui existe en l'éther,
Nous en sommes tous issus et nous y retournons.
Il est fait de Lumière, pas celle qui éclaire,
Source d'éternité, subtile vibration.

Nous n'en revenons pas, mais tous, nous en venons.
Notre âme et notre esprit sont la source de vie,
Sans laquelle il n'est rien dans notre condition.
Notre corps et notre âme sont un bien indivis.

Les sphères de ces cieux sont des « terres » fécondes
Qu'il nous faudra atteindre pour rejoindre le Haut.
Le temps et l'espace ne sont pas de ce monde,
Comment imaginer ce « havre » du très beau.

21 juillet 2008

Quête vers l'Étoile

L'inaccessible étoile, dont nous sommes en quête,
Nous guide et nous dirige, malgré l'effacement,
Cette gomme du temps qui voile dans nos têtes
Le radieux témoignage de nos premiers instants.
Cette étoile est en nous, il faut la regarder.

Nous attendons de l'autre qu'il puisse nous combler,
De tout ce qui nous tarde et réciproquement.
Il en résulte ainsi un manque d'engouement,
À espérer dans l'autre un amour décuplé.
Cet espoir est en nous, il faut le protéger.

Si nous n'attendons rien et moins encore que ça,
Toute attention soudaine ferait l'effet magique
Qu'une fée dans les contes amène au magnifique.
D'un coup de sa baguette, pour nous donner le la.
Cette note est en nous, il nous faut l'écouter.

Et cette volonté à vouloir tout casser
Nous amène parfois à tromper la quiétude
De silences habités par trop de certitudes,
Et de satisfactions d'une vie en danger.
Cette hargne est en nous, il nous faut l'étouffer.

Notre âme, à elle seule, renferme tous les secrets
De la vie, de la mort et de la finitude.
Écoutons-la souvent, dans notre solitude,
Et acceptons l'idée qu'elle en soit le coffret.
Cette vie est en nous, il faut la magnifier.

Ce coffret c'est nous-mêmes, nous en avons la clef.
Seuls quelques initiés accèdent à l'ouverture.
Leur illumination pour dire le futur,
Nous gêne bien souvent dans notre intimité.
Ce coffret est en nous, il faut le préserver.

14 octobre 2007

Quoique…!

Petite conjonction de subordination,
Tu mérites qu'on s'arrête et puis qu'on examine
Un instant ton usage et ta définition,
Qu'on te fasse enfin gloire et puis qu'on en termine.

Conjonction, tu es bien, et tu le resteras.
Invariable victime d'être subordonnée
À toute proposition qui te dominera,
Attendant, mais en vain, d'avoir à triompher.

Tu peux, si tu le veux, porter contradiction
Ou bien encore parfois, restreindre le propos.
Devant quelque pronom, c'est la circoncision,
On t'élide et puis, couac, te voilà un mégot.

Les poètes souvent, abandonnent ta queue,
Les philosophes itou, suivis des orateurs,
Aucun d'eux ne t'emploient à laisser penser que…
Il est venu le temps d'être ton serviteur!

Seul, en usage, il doit fortifier la pensée.
Utilisez ce mot pour toute affirmation
Et vous verrez s'ouvrir des espaces insensés,
Labyrinthologie de l'imagination.

Eh oui, que voulez-vous, c'est le doute qui s'installe !
Il est mieux de douter que d'asséner le vrai ?
D'autant que celui-ci n'est jamais l'idéal
Désiré ou voulu mais un simple souhait.

Éphémères et fugaces sont ces déclarations.
Quoique… ! J'y pense, ma prose doit subir le même sort.
Je ne subordonnerai pas mes impressions
Quoique… ! Décidément que ce vocable est fort.

21 août 2006

Requiem pour une pipe

C'était l'année dernière, quand on pouvait encor',
Un p'tit noir sur le zinc, goûter comme à gogo,
À une tige de huit, une clope, un mégot,
Un' cibiche, une pipe, sans crainte et sans remords.
Aujourd'hui, c'est fini, le fumeur est banni
Chassé, verbalisé, repoussé au dehors,
Rejeté du bistrot, retiré du décor.
Respirez braves gens, l'air est plus sain ainsi !
Ceux qui vous pompent l'air et vous brouillent l'écoute
S'ils ne sont pas fumeurs, ont droit de polluer :
Tous les banquiers, huissiers et pédants reflués
Qui polluent l'entourage et souvent nous dégoûtent.
Les idées trop fumeuses sont-elles interdites ?
Que reste-t-il à l'homme s'il ne peut mal penser ?
À trouver son bonheur en songeant au passé,
Au bon temps des gitanes et des blondes Aphrodite.
On devrait être heureux que l'on pensât pour nous,
Qu'on prenne soin ainsi de nos petits poumons.
Par ailleurs, ils subissent déjà les outrageux démons
De Dame « pollution », ça devrait être tout.

10 janvier 2008

Rêveries

Il est des souvenirs qui n'ont aucun présent.
Ils sont mémorisés, souvent enjolivés,
Seuls les rêves les extraient de notre subconscient,
Créant un avenir à une vie passée.

On revoit des amis, on revoit des amours,
Les uns sont encore là, les autres disparus.
Le temps, les circonstances, apportent leur concours
À l'irréalité des scènes incongrues.

D'où nous viennent ces songes et ces rencontres drôles ?
On ne peut commander des rêves sur mesure,
Encore moins mettre en scène un simple jeu de rôles,
Qui ferait de nos nuits une si belle aventure.

Ils imposent à nos crânes comme un éclair de vie,
Alors que nous dormons pour bien nous reposer.
Au réveil, ils nous laissent revenir d'Italie,
De la Lune ou d'ailleurs, à la réalité.

À un bon équilibre, ils nous sont nécessaires.
Arrêtons de penser au rêve inaccessible,
Mais laissons-nous songer dans nos nuits solitaires
Aux grandes étendues d'un univers possible.

11 septembre 2007

Shalom, Salem, la Paix

Tous deux fils d'Abraham, l'un Sara l'engendra
L'autre naquit d'Agar, la servante du père.
Ils étaient donc frères que la vie sépara,
Vers des destins humains ne se ressemblant guère.

    Quand l'un disait Salem, l'autre disait Shalom.

Tous les deux sont sémites, de culture commune.
Ancêtre des Hébreux, Isaac est l'aîné.
Ismaël, des Arabes, en devient la lignée.
La Paix entre les deux est-elle inopportune ?

    Quand l'un disait Salem, l'autre disait Shalom.

Tous, ils parlaient d'entente et de bons sentiments,
Mais si l'un parlait « paix », l'autre répondait « guerre ».
De la même région, ils défendaient leurs terres,
Les uns contre les autres et réciproquement.

    Quand l'un disait Salem, l'autre disait Shalom.

N'était-il pas possible d'échapper au trépas
De milliers d'innocents et de vaillants soldats,
Sacrifiés sur l'autel de la pensée extrême
Chacun voulant un bout de la Jérusalem.

    Quand l'un disait Salem, l'autre disait Shalom.

Une terre commune aux valeurs fraternelles,
Pour un pays fécond dans une paix nouvelle.
Utopie désuète ou bon sens commun ?
Il faudra bien aller vers un autre demain.

    Quand l'un disait Salem, l'autre disait Shalom.

Quand l'un dira je t'aime, moi non plus dira l'autre.
Salem, Shalom, la Paix, messieurs les bons apôtres.
Qu'un vol de colombes envahisse vos nuits
Et fasse de vos rêves, un salut pour autrui.

    Salem, Shalom, la Paix.

10 février 2007

Sans domicile fixe

Kittof

Sans domicile fixe, sans amicalité,
Seul, égaré dans la nuit glacée de l'oubli,
Il arpente le quai, son sac à dos sali,
Délavé, chahuté, usé d'avoir trainé.

Ce soir il fait très froid, un vieux bout de carton
Et une couverture serviront à passer
La nuit de tous les maux et de tous les dangers.
Un recoin à l'abri des regards et des gnons.

Un litron dans le sac sera son seul repas.
La Lune toute ronde éclaire cette nuit
Qui sera sa dernière. Sur le coup de minuit,
Le tocsin de la vie, en lui, retentira.

On le retrouvera comme il s'était couché.
Engourdi dans le froid et figé par la mort.
Il en avait fini. Il partit sans remords,
De cette pauvre vie qui l'avait bien lâchée.

Et l'on s'étonnera et l'on se posera
Des questions à la con, des remarqu's imbéciles.
Et la nuit et le froid offriront leur sébile
Au prochain SDF, dans l'oubli du trépas.

N'avons-nous pas un toit pour tous ces pauvres gens ?
N'est-ce pas un devoir que de les abriter ?
Couchons sur parchemin cette banalité,
Tout citoyen a droit à un toit, un auvent.

Je vous l'avais bien dit, les questions à la con
Ne m'ont pas échappées. Cinquant' quatr', l'abbé Pierre
Avait tout deviné. Cinquante ans de prières
Et ils meurent à nos portes, nous dans notre cocon.

Je n'ai pas les moyens ni même la réponse,
Mais malgré tout je crie, je vocifère, je lance,
Indigné et meurtri, à la bonne conscience
De ceux qui peuvent agir, un grand coup de semonce.

20 décembre 2006

« Si j'étais vous … » *

Moi, si j'étais vous… Je t'emmènerais loin
Vers les océans bleus et les mers de velours,
Où le sable est si fin et l'unique besoin
Est de boire à tes lèvres le souffle de l'amour.

Moi, si j'étais vous… Je t'écrirais des vers
Que toi seule comprendras. Tu seras avertie,
Du destin de celui qui marchait de travers,
À force de chercher le chemin de l'oubli.

Moi, si j'étais vous… Je te ferais l'amour
Des heures et des jours et des nuits sous le ciel,
Pour regarder tes yeux déployer ses atours
Et briller dans la nuit comme des noctuelles.

Moi, si j'étais vous… Je t'offrirais des fleurs
Pour embellir ta vie. T'offrir la panacée.
Puissent tous leurs parfums dissiper tes malheurs
Et qu'enfin le soleil habille tes pensées.

Moi, si j'étais vous… Je t'aimerais bien tôt,
Avant que tu t'éveilles à la levée du jour,
Au moment où les songes démontent leurs tréteaux
Et délaissent la scène pour s'offrir à l'amour.

Moi, si j'étais vous… Je te ferais la reine
D'un pays merveilleux où il fait toujours beau,
Pour te sentir heureuse, épanouie, sereine,
Rayonnante de joie, couverte de cadeaux.

Moi, si j'étais vous… Si j'étais le Bon Dieu,
Je lui demanderais d'agrémenter ta vie,
De mille et un plaisirs avant que je sois vieux
Pour caresser ton corps de douces nostalgies.

Moi, si j'étais vous… Mais ce n'était que moi,
Amoureux silencieux dès le premier regard.
Petite fée fragile qui impose l'émoi,
Et inspire mes vers et mes airs de guitare.

Moi, si j'étais vous… Et moi, si j'étais toi…
Être l'autre, c'est l'aimer du plus profond de soi.
Épouser ses désirs pour vite les combler,
Partager ses souffrances pour mieux les apaiser.

28 octobre 2006

*« Moi, si j'étais vous » est un pseudo

Un monde à moi

Je sais un monde à moi où la vie est ailleurs,
Cette vie qui m'émeut et chaque fois je pleure,
Viendras-tu partager ces larmes de malheur
Qui roulent sur mes joues, pour un peu de bonheur ?

Les songes de la nuit me parcourent le corps.
D'entre mes draps, mes nuits sont plus belles encore :
Chimères noctambules, Aphrodite et Chimène
Viennent me visiter pour me conter fredaines.

Vous m'avez fourvoyé dans vos douces contrées,
Où l'herbe est bien plus grasse que dans les plus beaux prés,
Où les mots que j'écris fleurissent aux mille feux
De l'enfer des vivants, à l'instar des dieux.

Quand je hurle ma peur, quand je crie mon émoi,
Qu'une petite flamme fasse éclater sa joie !
C'est mon cœur tout entier qui saigne et se répand
À l'intérieur de moi, sans un' goutte de sang.

Je sais un monde à moi où la vie est ailleurs,
Où l'amitié, l'amour ouvrent grand le portail.
Pour ceux qui veulent encor' boucler leurs accordailles,
Les cœurs sont béants de bonté et de fleurs.

17 juin 2008

Dessin de Pau Savy

Histoire à la con

Il n'y a pas longtemps ta cause était cernée :
Quand on est déjà con, on est un con toujours.
Mais l'histoire a montré que tous les concernés
Ne se sentaient jamais assiégés tous les jours.

Tous les cons aiment bien le rester ad vitam.
Les p'tits cons, les grands cons et les cons sidérant,
Il ya les cons pétants et ceux qui se proclament
Malodorants peut-être, mais libres de l'évent.

La proportion de cons est comme un carillon,
Dans tout' la société, elle ne varie que peu.
Il faudra bien un jour les compter pour de bon,
La SOFRES et l'IFOP seront alors précieux.

Pour ce sondage-là, point de suspicion.
Faudra interroger un très large panel
Et prendre bien grand soin de poser les questions
Adéquates et utiles, précises et solennelles.

Mais qui sera chargé de rédiger le texte ?
Les sondeurs bien sûr, il y a assez d'assises
Dans ces institutions, pour coller au contexte
Et trouver la formule convenable et concise.

Que diriez-vous de vous ? Je suis con et je veux
Le rester pour toujours, ou, je suis con un peu,
De temps en temps, jamais. Je me soigne beaucoup,
Prétentieux et malin, je suis pas con du tout.

Comment bien discerner les réponses aux questions ?
Il faut étalonner le con du presque con,
Le con en devenir et le pas con du tout,
Gigantesque besogne, à se tordre le cou.

Après dépouillement du sondage à la con,
Il fallut bien admettre ce qu'on savait déjà :
Des sondés, un sur deux est un con de bon droit.
Mais c'est pas moi bien sûr, je suis bien trop fécond.

1er août 2007

Clope… un, clope… ans !

Fumer des cigarettes depuis belle lurette,
C'est banal. Et pourtant, arrêter de fumer
Devient un vrai combat, effroyable casse-tête,
Périlleux, délicat, sans victoire assurée.

La raison, le plaisir, le besoin, les effets
S'opposent dans ma tête, dans mon corps tout entier.
La lutte est inégale. À la première bouffée,
Je succombe à Nicot, à son herbe grillée.

Je ne me souviens pas m'avoir déjà vu sans
Ce petit bâtonnet, cette putain de clope !
J'ai fumé tout d'abord, pour faire comme les grands,
Jouer à éprouver ce plaisir interlope.

D'autres désirs ensuite ont traversé ma vie :
Des envies censurées, des désirs interdits.
Mais le monde fumait ; tous mes héros d'alors
Avaient l'air si heureux, si viril et si fort.

Pour comprendre l'enjeu des « faiseurs de cancer »,
Faut dire que ces salauds ont adjoint sans vergogne
De multiples toxiques aux effets délétères,
Lucratifs profits de leur basse besogne.

Faut dire aussi bien sûr que les vendeurs de rêves
Nous l'ont bien instillé, ce semblant de bonheur.
Faut dire enfin qu'en face, Esculape et son glaive
N'avaient pas les moyens d'offrir les mêmes leurres.

La pensée se délabre entre haine et passion,
Le plaisir et la crainte, le bien-être et la peur.
Sentiments dominants, faits de contradictions,
Deviennent obsédants et sombrent dans l'horreur.

Et pendant ce temps-là, ma raison, mise au coin,
Regard' s'épanouir mon plaisir malsain,
Car mon corps subira les atteintes fatales,
À moins que la sagesse ne domine le bal.

Confrontations stériles, manichéisme vain !
Le corps a ses besoins que la raison ignore.
Le plaisir a les siens que la raison déplore.
Déchiré, torturé… J'arrêterai demain !

25 janvier 2009

L'Hirondelle à Gaza

Écouter l'hirondelle gazouiller à Gaza :
Est-ce un vœu utopique ou l'ultime arrogance
D'un vrai désir de Paix, de la faim d'un visa
Pour un monde meilleur à l'abri des violences ?

L'hirondelle à Gaza, hélas ! C'est peu probable.
À moins que cet oiseau n'amène un brin de buis,
Pour nicher ses petits dans le coin d'une étable
Et apporter la joie aux enfants gazaouis.

Jamais jusqu'à ce jour, autant d'Hommes n'ont voulu
L'arrêt de cette guerre pour une « Paix des braves »,
D'hommes de volonté et d'esprit résolus
À apaiser les haines et ôter les entraves.

Lourd destin pour ces peuples d'Abraham héritiers !
L'un et l'autre ont voulu reconquérir leur terre
Dans le sang et les larmes, jusqu'à se sacrifier,
Pour un « ciel apaisé », paradisiaque enfer.

Le jour où tous ces hommes accepteront l'idée,
Qu'il n'est point suffisant de porter un keffieh
Ou une kippa juive, pour auto-justifier
Un' légitimité à fourbir ses blindés,

Pourrons-nous exporter notre laïcité,
Une terre commune, à partager demain,
Chacun selon son culte, dans la sérénité
Des obstacles abattus, comme le mur de Berlin ?

Si des Hommes ont fait ça, ce doit être possible :
Palestine, Israël, dans la Paix retrouvée.
Shalom, Salem, priez ! Le Coran ou la Bible,
Pour une ère nouvelle et des enfants sauvés

Car ils en rêvent tous de respirer l'odeur
D'une atmosphère limpide de fraîcheur et de joie,
D'entendre une hirondelle gazouiller à Gaza
Et de voir les enfants cueillir de belles fleurs !

C'est une question de temps, une affaire de tempo !
Le monde a fait la preuve de sa maturité.
Pas partout, pas toujours, hélas ! Mais, à propos,
La Terre, ce bien commun, est-elle civilisée ?

15 janvier 2009

Et maintenant... !

Les canons se sont tus. Les soldats se retirent.
Des décombres fumants, apparaissent des mains.
C'est la désolation des lendemains sans gloire.
Les victimes innocentes de conflits dérisoires,
Sont la seule vérité de ce gâchis humain.
La honte, quand j'y songe n'a d'égale que mon ire.

Les canons se sont tus. Les soldats se retirent.
Quels idéaux animent ces guerriers de l'an neuf
Qui ne laissent percer, sous leur gilet pare-balles,
Qu'un cœur sous assistance d'une conscience pâle ?
De quel « bois » sont-ils faits ? Tragique coup de bluff !
A vaincre sans péril..., le pire est à venir.

Les canons se sont tus. Les soldats se retirent
Et la terre évacue ses dernières fumées,
Laissant un goût amer aux gorges des vivants
Et des larmes d'opprobre sur les joues des enfants,
Orphelins ou blessés, souffrants du verbe « aimer ».
À triompher sans gloire... pouvons-nous leur traduire ?

Les canons se sont tus. Les soldats se retirent.
Les barbus malfaisants, bienveillants pour eux-mêmes
Ont-ils bien pesé la portée de leurs gestes ?
Combien de sang versé, d'imprécations célestes,
Suffiront à leurs vœux pour qu'ils disent : « Je t'aime ».
À défier le diable, ne crois pas qu'il expire !

Les canons se sont tus. Les soldats se retirent.
À propos de barbus, avez-vous remarqué
Qu'ils sont dans les deux camps et aussi peu commodes ?
Pilosité divine ou simple effet de mode ?
Qu'une Dalila vienne un jour à débarquer :
Elle coupera leurs poils pour ôter leurs délires.

19 janvier 2009

Pauvre de nous !

On va tous s'embrasser et puis se souhaiter
Le meilleur des bons vœux, de bonheur et santé,
Et puis s'en retourner, le cœur plein de tendresse
Vers d'autres horizons, de nouvelles promesses,

Comme pour se laver des « miasmes » du passé
Et se régénérer dans une ère nouvelle.
Cette année sera dure et nous fera payer
Les errements d'aucuns et de leur clientèle.

Où est passé le fric ? Il est passé par là…
Mais ne repass'ra pas, il a pris la sortie :
Les paradis fiscaux, les îles, les scélérats.
Petits… Petits… Petits… Revenez par ici !

On va bien saupoudrer quelques petits délices
Pour les plus démunis, les plus pauvres de nous.
C'est l'Histoire à présent qui trouvera le vice
Bien caché et bien tu, de ce tournoi de fous.

Qu'allons-nous découvrir sous cet amas « marron »,
Quand le raz-de-marée se sera retiré ?
Des visages marqués par les « coups de bâton »
D'une misère injuste trop souvent ignorée.

Les années de l'an neuf ont souvent présenté
Un changement brutal, une révolution.
C'est à nous d'explorer la possibilité
Que revive l'ardeur de ces belles passions.

On ne peut pas prédire ce que sera demain,
En tout état de cause, il faut attendre un peu
Et ne pas abdiquer, croire au génie humain.
C'est lui qui donnera la réponse à nos vœux.

27 décembre 2008

... et tu nous reconnaîtras !

Ô toi ma bien-aimée, mère de mes enfants,
Que n'a-t-on labouré les friches de nos vies !
Que mon cœur en jachère apaise mon tourment
Pour qu'une fleur exhale ce brin de poésie.

Tu as tant repoussé mes élans, mes étreintes.
Sur ton corps étendu, j'ai tenté des caresses,
Maladroites, hésitantes. Elles se voulaient empreintes
De tendres attentions et de délicatesses.

Je t'ai toujours donné mon amour en offrande.
J'espérais que ton corps se libère et s'expose
Pour en goûter le fruit, au doux parfum d'amande,
Cet intime de toi comme une fleur éclose.

Mais le temps a passé et mon attente est vaine.
Je ne l'ai cherchée, je ne voulais pas d'elle.
Elle a su me séduire, élégante et mondaine.
Malgré ma réticence, elle m'a pris sous son aile.

Cette femme allongée, dans ce lit, près de moi
Ne prendra pas ta place. Jamais elle ne sera
Ce que je veux pour nous, ce que je veux de toi.
Tu es celle dont je rêve, quand je suis dans ses bras.

Écartelée, offerte, impudique maîtresse,
Je dors dedans son corps, elle s'abreuve du mien,
Puis ses mains me caressent avec tant de tendresse.
Moments délicieux où le temps n'est plus rien.

Je te voudrais heureuse, en ces instants, comme elle,
Suspendue dans le temps, l'espace, par le plaisir,
Assouvie et sereine. Mon audace est cruelle :
Ne la rejette pas. Sauras-tu l'accueillir ?

Je ne sais si tu veux et pourtant, il me semble
Qu'est venu le moment de songer à nous deux,
À ce que pourrait être notre amour qui va l'amble,
Pour le régénérer dans un galop heureux.

S'il n'y avait amour, entre nous, mon amour,
Je n'aurais pas osé. C'est à toi, maintenant.
Je te laisse le temps. Je veux rester toujours
Séduisant, amoureux ton éternel amant.

28 janvier 2009

Sommaire

6	*Aimer*
7	*Ainsi soit faite !*
8	*Ainsi soit-elle !*
9	*Ainsi va la vie...*
10	*Au-delà d'ailleurs*
12	*Au hasard, à Bayonne*
13	*Aux Fêtes, à Bayonne*
16	*C'est bête un poète*
18	*C'est Pluton dommage*
20	*Chauny 62*
22	*Coup de gueule*
24	*CNE pour la vie*
26	*Ci-gît «bon sens»*
27	*Entre chien et loup*
28	*Escapade*
29	*Fête des Mères*
30	*Hypocrisie*
31	*Ici et maintenant*
32	*Il faut que je vous dise...*
34	*Impromptu*
36	*Instants privilégiés*
38	*La crise... de Foi*
39	*La flèche*
40	*Pensées*
42	*La souris, le poulet, la vache et le cochon*
44	*La tentation*
45	*La vie*
46	*L'agonie d'un dieu*
47	*L'arbre*
48	*L'artisan*
49	*Le bon grain et l'ivraie*
50	*L e bonheur*

51	*Le tapis des ans*
52	*Le Valentin perdu*
54	*Les «damnés» de la sphère*
56	*Les nouveaux gladiateurs*
57	*L'espérance*
58	*L'homme qui aimait son chien*
59	*L'oublieux*
60	*Ma Muse*
62	*Ma page blanche*
64	*Ma sœur*
66	*Marjolaine*
67	*Petite mère*
68	*Pour un monde meilleur*
70	*Quête vers l'Etoile*
72	*Quoique*
74	*Requiem pour une pipe*
75	*Rêveries*
76	*Shalom, Salem, la Paix*
78	*Sans domicile fixe*
80	*«Si j'étais vous ...»*
82	*Un monde à moi*
84	*Histoire à la con*
86	*Clope ... un, clope ... ans !*
88	*L'Hirondelle à Gaza*
90	*Et maintenant ...!*
92	*Pauvre de nous !*
94	*... et tu nous reconnaîtras !*

* *
 *